ÉPILOGUE
DE LA
CAMPAGNE DE RUSSIE
1812

LES DESCENDANTS DES PRISONNIERS FRANÇAIS
DANS LE GOUVERNEMENT D'ORENBOURG

PAR
PAUL-LVOVITCH YOUDINE,
Officier de Cosaques,
Membre de la Commission savante des Archives et du Comité de statistique d'Orenbourg.

CHATEAUDUN
IMPRIMERIE DE LA SOCIÉTÉ TYPOGRAPHIQUE
Rue de Blois, 3

1897

ÉPILOGUE DE LA CAMPAGNE DE RUSSIE

1812

Extrait du Bulletin de la Société Dunoise — *Janvier 1897*

ÉPILOGUE

DE LA

CAMPAGNE DE RUSSIE

1812

LES DESCENDANTS DES PRISONNIERS FRANÇAIS

DANS LE GOUVERNEMENT D'ORENBOURG

PAR

PAUL-LVOVITCH YOUDINE,

Officier de Cosaques,

Membre de la Commission savante des Archives et du Comité de statistique d'Orenbourg.

CHATEAUDUN

IMPRIMERIE DE LA SOCIÉTÉ TYPOGRAPHIQUE

Rue de Blois, 3

—

1897

ÉPILOGUE DE LA CAMPAGNE DE RUSSIE

(1812)

LES DESCENDANTS DES PRISONNIERS FRANÇAIS DANS LE GOUVERNEMENT D'ORENBOURG.

Vers la fin de cette campagne, quand la Grande Armée décimée par le froid et harcelée par l'ennemi reprenait péniblement la route de Smolensk, les braves vétérans, morts à demi affamés et loqueteux, tombaient à chaque pas entre les mains des Cosaques et même des paysans ; ce n'est pas par dizaines, mais par centaines que se comptaient les prisonniers.

Dans le but d'empêcher l'évasion de ces malheureux, entraînés si loin par l'ambition de leur chef, et de ne point imposer de nouvelles charges aux habitants du centre, cruellement éprouvés par le fléau de la guerre, S. M. le Tsar envoya les prisonniers à l'extrémité de son immense empire, particulièrement dans les provinces de l'Est. La région d'Orenbourg en reçut un grand nombre ; très étendue, comme on le sait, elle confine aux steppes des Kirghizes, d'où « l'on peut courir durant trois années » sans risquer de s'écarter bien loin.

Parmi ces prisonniers de guerre on remarquait : le général Waldburg-Trusken, son aide-de-camp Bapcht et son valet de chambre Plinni ; le colonel de cavalerie de Wurtemberg comte Waldenburg et son aide-de-camp Pachso ; les capitaines du 3e chasseurs à cheval Gérard et Cravier, le lieutenant Lastzen ; le lieutenant Édouard Reppinne du 2e régiment de Westphalie ; le capitaine-major Martin Testard ; le lieutenant Saint-Denis et les sous-lieutenants Jan Valuzio, Bartholomé Cliod et Claude Pecarda. Les autres étaient tous de simples soldats sur lesquels les Archives centrales d'Orenbourg (1) conservent encore des lettres et des notices.

(1) 2 vol., 1811-1815.

Le premier d'entre eux, le général Truchsen, recouvra bientôt la liberté grâce à l'intervention de l'impératrice Marie-Théodorovna ; il rentra en France avec ses deux compagnons en passant par Saint-Pétersbourg et Riga. Les autres demeurèrent internés beaucoup plus longtemps dans les forts et les villes de cette province ; ce n'est qu'à la suite du manifeste du 14 décembre 1815 qu'ils furent libérés.

Alors plusieurs d'entre eux, qui trouvaient probablement la vie assez agréable en Russie ou qui se souciaient peu de retourner dans leur patrie ruinée par les derniers désastres, se firent naturaliser russes. Une partie s'établit dans le gouvernement de Smolensk et prit rang dans la classe bourgeoise des contribuables ; le reste se fixa dans le gouvernement d'Orenbourg et se fit admettre parmi les Cosaques ; il y a encore à l'heure actuelle quelques-uns de leurs descendants dans les troupes d'Orenbourg.

De ce nombre furent, dans le district de Verkhneouralsk : Antoine Berg, Charles-Joseph Boucher (ou Duchenne ?), Jacques-Pierre Binslon, Antonin Vicler et *Édouard Langlois*. Nous leur avons consacré dans les Viédomosti (*Gazette d'Orenbourg*, nos 32 et suiv.) plusieurs articles qui ont été reproduits par les journaux russes et français. A cette époque, M. l'abbé Langlois (d'Eure-et-Loir), amené par des travaux généalogiques à rechercher ce qu'étaient devenus deux de ses parents disparus dans la campagne de Russie, nous demanda de plus amples renseignements.

Des enquêtes activement poursuivies ont révélé qu'une partie des prisonniers français internés dans ce qui forme aujourd'hui le gouvernement d'Orenbourg habitait le village de Verkhnaya-Karmalka, district de Bougoulminsk ; c'étaient : Élie Lutz, Philippe Junker, Vilir Sonin, Leokhéti Larginou, Pierre Botz.

Le premier, Élie Lutz, fils de Conrad, épousa en 1842 à Karmalka une paysanne, Tatiana Kharitanova, puis il émigra dans le district de Verkhnoyarsk et s'établit dans le village cosaque d'Arsinski (vulgairement Arsi) ; l'année suivante il fut inscrit dans ce régiment ; en 1856 il se convertit à l'orthodoxie et prit le nom de Vassili (Basile). Ses fils : Simon (mort à 69 ans), Efim (âgé de 68 ans), Alexis (âgé de 64 ans), Egor (âgé de 61 ans), élevés dans la religion orthodoxe, furent également incorporés dans les Cosaques. Sa fille Eugénie, qui a 57 ans, n'épousa pourtant pas un Cosaque.

Élie jusqu'à sa mort n'oublia pas la langue maternelle, mais il ne l'apprit pas à ses enfants. Ses descendants sont encore assez nombreux : 18 hommes et 24 femmes ; ils habitent sept maisons et s'occupent d'agriculture ; leur avoir s'élève à 25 desiatines seulement (1 desiatine = 109 mètres carrés).

Une autre famille de Cosaques français porte le nom de Gendre et habite aussi le district Verkhne-Oworalsk, au village Kouzilsk. On ne compte que deux membres de cette maison : le cosaque Jacob, fils de Jean, et sa mère Eudoxie, fille de Jean ; les trois filles : Alexandra, Marie et Julie, sont mariées. Leur frère le sotnik (1) Ivan, fils de Ivan Gendre, est orthodoxe ; il naquit en 1824 d'un marchand du 3e guilde de Pétersbourg qui resta en Russie après 1812. Il fit ses études dans le 3e gymnase de Pétersbourg, d'où il entra à l'Académie chirurgico-médicale ; mais il ne poursuivit pas cette carrière ; à l'âge de 15 ans seulement, le 11 avril 1839, il prit du service dans les batteries de cavalerie légère et fut envoyé le 19 décembre 1847 à Orenbourg. En 1855 il partit pour le village de Kizilsk et épousa la fille du sous-officier Maslakof ; il mourut en 1872 avec le grade de sotnik, ayant reçu comme récompense à la place d'un titre de noblesse 400 desiatines de terrain que sa famille possède aujourd'hui.

La femme du défunt, Eudoxie, fille d'Ivan, raconte que le père d'Ivan Ivanovitch possédait des maisons : une à Pétersbourg et une autre elle ne sait dans quelle ville de France.

Il est très difficile d'obtenir des informations bien complètes pour ce qui concerne les autres Français devenus Cosaques ; la raison est qu'à la suite de l'introduction de la nouvelle ligne, de l'établissement des forts sur les frontières des steppes Kirghizes, vers les années 1840-1850, la plupart d'entre eux furent envoyés à ces nouveaux postes ; leurs enfants, ne désirant pas passer pour des étrangers au milieu de la population indigène, changèrent leurs noms français en noms russes et ils disparurent ainsi dans la masse. D'autres descendants de prisonniers français, établis comme civils dans le district de Banjoulminsk,

(1) Chef de 100 hommes de troupe

agirent de même ; ainsi Philippe Junker, mort en 1849, laissa un petit-fils, Théodore Ivanovitch, qui s'appelle à présent « Junkerov », et une petite-fille Marina Aexéevna, fille d'Alexis, qui avait épousé un agriculteur ; elle est veuve maintenant. Les fils de Léonti Marjintz (mort il y a 50 ans), Michel et Jacob, ont tout à fait changé leur nom ; ils s'appellent à présent « Ziltzov ». Le nom de Bats (Pierre Bats mort en 1865) est devenu « Bakhitov ». Le dernier représentant de cette famille : Durzemine Bakhitov, petit-fils de Pierre, habite aujourd'hui le village Verkhnaya-Nikitina, district de Tchistopolsk, gouvernement de Kazan. Au contraire, les enfants de Villir Sonin (mort il y a 50 ans) ont conservé presque seuls le véritable nom de famille ; deux filles existent encore : Agathe et Sarbi Sonin ; la première habite le village de Tatarskoé-Voltché, et la seconde celui de Novaya-Ibrakina, dans le gouvernement de Kazan.

Il y eut à Orenbourg chez de hauts dignitaires une dame Pauline Langlois qu'on disait Parisienne. Dans le bourg de Yangualsk de la ville de Magnitna il y a des Cosaques qui portent le nom de Langlois ; les habitants de ce district vivent dans une très grande aisance depuis l'ouverture de la ligne de Sibérie, de Oufa à Tchéliabinsk ; ils vendent les produits de leur terre à des prix élevés aux fabriques et aux usines ; on extrait tous les ans quelques millions de *pouds de fer* de la montagne de Magitna.

Somme toute, ces recherches nous ont fait découvrir qu'il reste actuellement dans le seul gouvernement d'Orenbourg, comme descendants des prisonniers français de 1812 : six personnes civiles et quarante-huit Cosaques; la France compte donc parmi nous non-seulement des frères, mais des enfants.

www.ingramcontent.com/pod-product-compliance
Lightning Source LLC
LaVergne TN
LVHW010415240826
846091LV00020B/4049

* 9 7 8 2 0 1 9 9 5 9 0 4 3 *